Orlando Syrg Taschenbuch 42018

OR
SY
TA

AF176014

FSC
www.fsc.org

MIX
Papier aus verantwortungsvollen Quellen
Paper from responsible sources
FSC® C105338

RAT ACBO

Reihe

Alte Tradition

Azurcelesteblueoscuro

herausgegeben

von

Joerg K. Sommermeyer & Orlando Syrg

Exemplarische Werke der Weltliteratur

herausgegeben von

Joerg K. Sommermeyer

Über dieses Buch

Die Galgenlieder wurden ab 1895 im Kreise der *„Galgenbrüder"* (Georg und Julius Hirschfeld, Fritz Beblo, Franz Schäfer, Paul Körner, Robert Wernicke, Friedrich Kayßler und Christian Morgenstern) bei Ausflügen zum Galgenberg in Werder (Havel) inszeniert. Sie sangen und nannten sich *„Gurgeljochen"*, *„Verreckerle"*, *„Raabenaas"*, hatten Hufeisen dabei und zwischen Metallplatten in Form eines Henkersbeils gebundene Manuskripte; sie durchschnitten Lebensfäden, henkten und köpften kleine Puppen.

Über 120 Jahre danach sind Christian Morgensterns Galgenlieder und Palmström längst Klassiker der humoristischen Lyrik geworden mit Wortwitz, Dada, Unsinns- oder Lautpoesie, Komik alltagsweltlicher Einblicke und politisch-philosophischen Anklängen. Vordergründig kindlich und grotesk anmutend, sind sie freilich keineswegs bloßer Nonsens, vielmehr *„Spiel- und Ernst-Zeug"* gegen sprachliche Konventionen und geistige Unbeweglichkeit. Hintergründig spielen sie mit der Sprache bis zu ihrer Auflösung, stellen, was immer beliebt, auf den Kopf, doppelbödig, verlebendigen Dinge. Zweifellos, die Sprache selbst ist ihr eigentliches Anliegen!

Der Autor

Christian Morgenstern, geboren am 6. Mai 1971 in München, gestorben an Tuberkulose am 31. März 1914 in Untermais (Stadtteil von Meran/Tirol). Sohn des Malers Carl Ernst Morgenstern (1847-1928) und seiner Frau Charlotte, (geb. Schertel); Enkel des Landschaftsmalers Christian E. B. Morgenstern (1805-1867). Deutscher Dichter, Schriftsteller und Übersetzer. Berühmt für seine komisch-groteske Lyrik. Unstetes Wanderleben. Anthroposoph. [Detaillierter Lebenslauf siehe Joerg K. Sommermeyer, *Biographischer Abriss Christian Morgensterns*, unten S. 83 f.]

Der Herausgeber

Joerg K. Sommermeyer (JS), * 14.10.1947 in Brackenheim, Sohn des Physikers Prof. Dr. Kurt Hans Sommermeyer (* 23. März 1906, Schleusingen/Thüringen - † 13. Februar 1969, Freiburg i. Brsg./Bd.-Wrtt.). Kindheit in Freiburg. Studierte Jura, Philosophie, Germanistik, Geschichte und Musikwissenschaft. Klassische Gitarre bei Viktor v. Hasselmann und Anton Stingl. Unterrichtete in den späten Sechzigern Gitarre am Kindergärtnerinnen-/Jugendleiterinnenseminar und in den Achtzigern Rechtsanwaltsgehilfinnen in spe an der Max-Weber-Schule in Freiburg. 1976 bis 2004 Rechtsanwalt in Freiburg. Setzte sich für eine Verstärkung des Rechtsschutzes bei Grundrechtseingriffen ein (Unterbringungsrecht, Untersuchungshaft, Durchsuchungsrecht). Zahlreiche Veröffentlichungen in juristischen Fachzeitschriften sowie Artikel in Musikblättern. Gründer und Vorsitzender der Internationalen Gitarristischen Vereinigung, Organisator und Künstlerischer Leiter der Freiburger Gitarren- und Lautentage, Herausgeber und Redakteur der Zeitschrift *Nova Giulianiad: Saitenblätter für die Gitarre und Laute*. Juror beim Schlesischen Gitarrenherbst in Tychy und Internationalen Gitarrenkongress Freiburg/Basel/Straßburg. Songs, Liedtexte, Arrangements, Instrumentalmusik. 7 CDs, u. a.: *Total Overdrive, Those Rocks & Lieders, Nel Cuore Romanzo Rock, Ergo, 7 Celebrities*. Herausgabe des Lyrikbandes *Leben Will Ich* von Josefa Gerhäuser, 2002. *Anton Unbekannt, Pathoaphysischer Antiroman, Tragigroteskenfragment*, 2008/2009. Edition *Nikunthas, König der Miami* von Franz Treller in der Bearbeitung durch Georg J. Feurig-Sorgenfrei, 2009/2010. Edition *Balleinrubin: Ball, Einstein, Rubiner*, 2017. *Vernimm mein Schreien*, 2017. Edition *Lieblingsmärchen*, 2017/2018. Edition *Franz Kafkas Romane*, 2017. Edition *Franz Kafkas Erzählungen*, 2018. Edition *Heinrich von Kleists Erzählungen, Anekdoten und Essays*, 2018

Orlando Syrg, Berlin, 27. März 2018

Joerg K. Sommermeyer (Hg.)

Christian Morgensterns Galgenlieder und Palmström

Durchgesehen, revidiert und mit einem biographischen Abriss
herausgegeben

von

Joerg K. Sommermeyer

Orlando Syrg

MMXVIII

1. Auflage 2018

Orlando Syrg, Berlin (vormals Freiburg i. Brsg.)

Orlando Syrg Taschenbuch

ORSYTA 42018

Reihe Alte Tradition Azurcelesteblueoscuro

RAT ACBO 4

Revision, Herausgabe und biographischer Abriss:
Joerg K. Sommermeyer

Umschlaggestaltung (unter Verwendung eines bearbeiteten Ausschnitts des Gemäldes von Pau Klee, *"Insula Dulcamara"*, 1938, auf der Vorderseite): JS

Lektorat, Satz und Layout: Werner Willig, JS, Hermine Kehlsacker, Ton Unbe, Kurt Marie, Martina Pfennig, Hans Ohnson, Lars Penath

Herstellung, Verlag BoD - Books on Demand, Norderstedt

Made in Germany

ISBN 9783752813395

Inhalt

Galgenlieder

Die Mehrzahl der Gedichte entstand zwischen 1895 und 1905.
Erstdruck bei Bruno Cassirer, Berlin 1905.

Galgendichtung

Dem Kinde im Manne
Im echten Manne ist ein Kind versteckt;
das will spielen.

Nietzsche

1.

Lass die Moleküle rasen,
was sie auch zusammenknobeln!
Lass das Tüfteln, lass das Hobeln,
heilig halte die Ekstasen.

Bundeslied der Galgenbrüder

O schauerliche Lebenswirrn,
wir hängen hier am roten Zwirn!
Die Unke unkt, die Spinne spinnt,
und schiefe Scheitel kämmt der Wind.

O Greule, Greule, wüste Greule!
Du bist verflucht! so sagt die Eule.
Der Sterne Licht am Mond zerbricht.
Doch dich zerbrach's noch immer nicht.

O Greule, Greule, wüste Greule!
Hört ihr den Ruf der Silbergäule?
Es schreit der Kauz: pardauz! pardauz!
da taut's, da graut's, da braut's, da blaut's!

Galgenbruders Lied
an Sophie, die Henkersmaid

Sophie, mein Henkersmädel,
komm, küsse mir den Schädel!
Zwar ist mein Mund
ein schwarzer Schlund –
doch du bist gut und edel!

Sophie, mein Henkersmädel,
komm, streichle mir den Schädel!
Zwar ist mein Haupt
des Haars beraubt –
doch du bist gut und edel!

Sophie, mein Henkersmädel,
komm, schau mir in den Schädel!
Die Augen zwar,
sie fraß der Aar –
doch du bist gut und edel!

.

Nein!

Pfeift der Sturm?
Keift ein Wurm?
Heulen
Eulen
hoch vom Turm?

Nein!

Es ist des Galgenstrickes
dickes
Ende, welches ächzte,
gleich als ob
im Galopp
eine müdgehetzte Mähre
nach dem nächsten Brunnen lechzte
(der vielleicht noch ferne wäre).

Das Gebet

Die Rehlein beten zur Nacht,
hab acht!
Halb neun!
Halb zehn!
Halb elf!
Halb zwölf!
Zwölf!
Die Rehlein beten zur Nacht,
hab acht!
Sie falten die kleinen Zehlein,
die Rehlein.

Das große Lalula

Kroklokwafzi? Semememi!
Seiokrontro – prafriplo:
Bifzi, bafzi; hulalemi:
quasti basti bo ...
Lalu lalu lalu lalu la!

Hontraruru miromente
zasku zes rü rü?
Entepente, leiolente
klekwapufzi lü?
Lalu lalu lalu lalu la!

Simarar kos malzipempu
silzuzankunkrei (;)!
Marjomar dos: Quempu Lempu
Siri Suri Sei []!
Lalu lalu lalu lalu la!

Der Zwölf-Elf

Der Zwölf-Elf hebt die linke Hand:
Da schlägt es Mitternacht im Land.

Es lauscht der Teich mit offnem Mund.
Ganz leise heult der Schluchtenhund.

Die Dommel reckt sich auf im Rohr
Der Moosfrosch lugt aus seinem Moor.

Der Schneck horcht auf in seinem Haus.
Desgleichen die Kartoffelmaus.

Das Irrlicht selbst macht Halt und Rast
auf einem windgebrochnen Ast.

Sophie, die Maid, hat ein Gesicht:
Das Mondschaf geht zum Hochgericht.

Die Galgenbrüder wehn im Wind.
Im fernen Dorfe schreit ein Kind.

Zwei Maulwürf küssen sich zur Stund
als Neuvermählte auf den Mund.

Hingegen tief im finstern Wald
ein Nachtmahr seine Fäuste ballt:

Dieweil ein später Wanderstrumpf
sich nicht verlief in Teich und Sumpf.

Der Rabe Ralf ruft schaurig: ›Kra!
Das End ist da! Das End ist da!‹

Der Zwölf-Elf senkt die linke Hand:
Und wieder schläft das ganze Land.

Das Mondschaf

Das Mondschaf steht auf weiter Flur.
Es harrt und harrt der großen Schur.
Das Mondschaf.

Das Mondschaf rupft sich einen Halm
und geht dann heim auf seine Alm.
Das Mondschaf.

Das Mondschaf spricht zu sich im Traum:
»Ich bin des Weltalls dunkler Raum.«
Das Mondschaf.

Das Mondschaf liegt am Morgen tot.
Sein Leib ist weiß, die Sonn ist rot.
Das Mondschaf.

Lunovis

Lunovis in planitie stat
Cultrumque magn' expectitat.
Lunovis.

Lunovis herba rapta it
In montes, unde cucurrit.
Lunovis.

Lunovis habet somnium:
Se culmen rer' ess' omnium.
Lunovis.

Lunovis mane mortuumst.
Sol ruber atque ips' albumst.
Lunovis.

Der Rabe Ralf

Der Rabe Ralf Die Nebelfrau
will will hu hu will will hu hu
dem niemand half nimmt's nicht genau
still still du du still still du du
half sich alleinsie sagt nimm nimm
am Rabenstein 's ist nicht so schlimm
will will still still will will still still
hu hu hu hu

Doch als ein Jahr
will will hu hu
vergangen war
still still du du
da lag im Rot
der Rabe tot
will will still still
du du

Fisches Nachtgesang

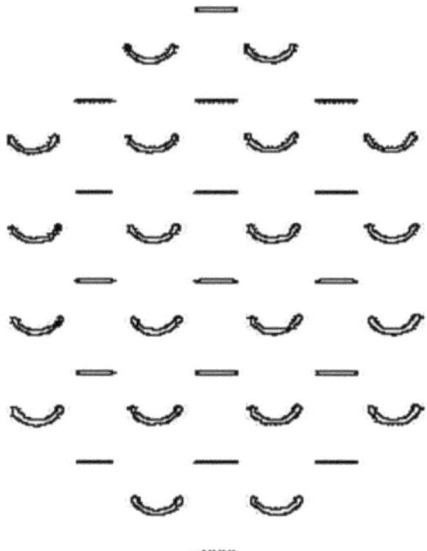

Galgenbruders Frühlingslied

Es lenzet auch auf unserm Span,
o selige Epoche!
Ein Hälmlein will zum Lichte nahn
aus einem Astwurmloche.

Es schaukelt bald im Winde hin
und schaukelt bald drin her.
Mir ist beinah, ich wäre wer,
der ich doch nicht mehr bin..

Das Hemmed

Kennst du das einsame Hemmed?
Flattertata, flattertata.

Der's trug, ist bass verdämmet!
Flattertata, flattertata.

Es knattert und rattert im Winde.
Windurudei, windurudei.

Es weint wie ein kleines Kinde.
Windurudei, windurudei.

*Das ist das einsame
Hemmed.*

Das Problem

Der Zwölf-Elf kam auf sein Problem
und sprach: Ich heiße unbequem.
Als hieß ich etwa Drei-Vier
statt Sieben – Gott verzeih mir!

Und siehe da, der Zwölf-Elf nannt sich
von jenem Tag ab Dreiundzwanzig.

2.

Die Trichter

Zwei Trichter wandeln durch die Nacht.
Durch ihres Rumpfs verengten Schacht
fließt weißes Mondlicht
still und heiter
auf ihren
Waldweg
u.s.
w.

Der Tanz

Ein Vierviertelschwein und eine Auftakteule
trafen sich im Schatten einer Säule,
die im Geiste ihres Schöpfers stand.
Und zum Spiel der Fiedelbogenpflanze
reichten sich die zwei zum Tanze
Fuß und Hand.

Und auf seinen dreien rosa Beinen
hüpfte das Vierviertelschwein graziös,
und die Auftakteul auf ihrem einen
wiegte rhythmisch ihr Gekrös.
Und der Schatten fiel,
und der Pflanze Spiel
klang verwirrend melodiös.

Doch des Schöpfers Hirn war nicht von Eisen,
und die Säule schwand, wie sie gekommen war;
und so musste denn auch unser Paar
wieder in sein Nichts zurücke reisen.
Einen letzten Strich

tat der Geigerich –
und dann war nichts weiter zu beweisen.

Das Knie

Ein Knie geht einsam durch die Welt.
Es ist ein Knie, sonst nichts!
Es ist kein Baum! Es ist kein Zelt!
Es ist ein Knie, sonst nichts.

Im Kriege ward einmal ein Mann
erschossen um und um.
Das Knie allein blieb unverletzt –
als wär's ein Heiligtum.

Seitdem geht's einsam durch die Welt.
Es ist ein Knie, sonst nichts.
Es ist kein Baum, es ist kein Zelt.
Es ist ein Knie, sonst nichts.

Der Seufzer

Ein Seufzer lief Schlittschuh auf nächtlichem Eis
und träumte von Liebe und Freude.
Es war an dem Stadtwall, und schneeweiß
glänzten die Stadtwallgebäude.

Der Seufzer dacht an ein Maidelein
und blieb erglühend stehen.
Da schmolz die Eisbahn unter ihm ein –
und er sank – und ward nimmer gesehen.

Bim, Bam, Bum

Ein Glockenton fliegt durch die Nacht,
als hätt er Vogelflügel,
er fliegt in römischer Kirchentracht
wohl über Tal und Hügel.

Er sucht die Glockentönin BIM,
die ihm vorausgeflogen;
d.h. die Sache ist sehr schlimm,
sie hat ihn nämlich betrogen.

»O komm«, so ruft er, »komm, dein BAM
erwartet dich voll Schmerzen.
Komm wieder, BIM, geliebtes Lamm,
dein BAM liebt dich von Herzen!«

Doch BIM, dass ihr's nur alle wisst,
hat sich dem BUM ergeben;
der ist zwar auch ein guter Christ,
allein das ist es eben.

Der BAM fliegt weiter durch die Nacht
wohl über Wald und Lichtung.
Doch, ach, er fliegt umsonst! Das macht,
er fliegt in falscher Richtung.

Das ästhetische Wiesel

Ein Wiesel
saß auf einem Kiesel
inmitten Bachgeriesel.
Wisst ihr
weshalb?
Das Mondkalb
verriet es mir

im Stillen:
Das raffinier-
te Tier
tat's um des Reimes willen.

Der Schaukelstuhl
auf der verlassenen Terrasse

»Ich bin ein einsamer Schaukelstuhl
und wackel im Winde, im Winde.

Auf der Terrasse, da ist es kuhl,
und ich wackel im Winde, im Winde.

Und ich wackel und nackel den ganzen Tag.
Und es nackelt und rackelt die Linde.
Wer weiß, was sonst wohl noch wackeln mag
im Winde, im Winde, im Winde.«

Die Beichte des Wurms

Es lebt in einer Muschel
ein Wurm gar seltner Art;
der hat mir mit Getuschel
sein Herze offenbart.

Sein armes kleines Herze,
hei, wie das flog und schlug!
Ihr denket wohl, ich scherze?
Ach, denket nicht so klug.

Es lebt in einer Muschel
ein Wurm gar seltner Art;
der hat mir mit Getuschel
sein Herze offenbart.

Das Weiblein mit der Kunkel

Um stille Stübel schleicht des Monds
barbarisches Gefunkel –
im Gässchen hoch im Norden wohnt's,
das Weiblein mit der Kunkel.

Es spinnt und spinnt. Was spinnt es wohl?
Es spinnt und spintisieret ...
Es trägt ein weißes Kamisol,
das seinen Körper zieret.

Um stille Stübel schleicht des Monds
barbarisches Gefunkel –
im Gässchen hoch im Norden wohnt's,
Das Weiblein mit der Kunkel.

Die Mitternachtsmaus

Wenn's mitternächtigt und nicht Mond
noch Stern das Himmelshaus bewohnt,
läuft zwölfmal durch das Himmelshaus
die Mitternachtsmaus.

Sie pfeift auf ihrem kleinen Maul –
im Traume brüllt der Höllengaul ...
Doch ruhig läuft ihr Pensum aus
die Mitternachtsmaus.

Ihr Herr, der große weiße Geist,
ist nämlich solche Nacht verreist.
Wohl ihm! Es hütet ihm sein Haus
die Mitternachtsmaus.

Himmel und Erde

Der Nachtwindhund weint wie ein Kind,
dieweil sein Fell von Regen rinnt.

Jetzt jagt er wild das Neumondweib,
das hinflieht mit gebognem Leib.

Tief unten geht, ein dunkler Punkt,
querüberfeld ein Forstadjunkt.

Mondendinge

Dinge gehen vor im Mond,
die das Kalb selbst nicht gewohnt.

Tulemond und Mondamin
liegen heulend auf den Knien.

Heulend fletschen sie die Zähne
auf der schwefligen Hyäne.

Aus den Kratern aber steigt
Schweigen, das sie überschweigt.

Dinge gehen vor im Mond,
die das Kalb selbst nicht gewohnt.

Tulemond und Mondamin
liegen heulend auf den Knien ...

3. Der Gingganz und Verwandtes

Der Gingganz

Ein Stiefel wandern und sein Knecht
von Knickebühl gen Entenbrecht.

Urplötzlich auf dem Felde drauß
begehrt der Stiefel: Zieh mich aus!

Der Knecht drauf: Es ist nicht an dem;
doch sagt mir, lieber Herre, –: wem?

Dem Stiefel gibt es einen Ruck:
Fürwahr, beim heiligen Nepomuk,

ich GING GANZ in Gedanken hin ...
Du weißt, dass ich ein andrer bin,

seitdem ich meinen Herrn verlor ...
Der Knecht wirft beide Arm empor,

als wollt er sagen: Lass doch, lass!
Und weiter zieht das Paar fürbass.

Der Lattenzaun

Es war einmal ein Lattenzaun,
mit Zwischenraum, hindurchzuschaun.

Ein Architekt, der dieses sah,
stand eines Abends plötzlich da –

und nahm den Zwischenraum heraus
und baute draus ein großes Haus.

Der Zaun indessen stand ganz dumm
mit Latten ohne was herum,

ein Anblick grässlich und gemein.
Drum zog ihn der Senat auch ein.

Der Architekt jedoch entfloh
nach Afri – od – Ameriko.

Die beiden Flaschen

Zwei Flaschen stehn auf einer Bank,
die eine dick, die andre schlank.
Sie möchte gerne heiraten.
Doch wer soll ihnen beiraten?

Mit ihrem Doppel-Auge leiden
sie auf zum blauen Firmament ...
Doch niemand kommt herabgerennt
und kopuliert die beiden.

Das Lied vom blonden Korken

Ein blonder Korke spiegelt sich
in einem Lacktablett –
allein er säh sich dennoch nicht,
selbst wenn er Augen hätt:

Das macht, dieweil er senkrecht steigt
zu seinem Spiegelbild!
Wenn man ihn freilich seitwärts neigt,
zerfällt, was oben gilt.

O Mensch, gesetzt du spiegelst dich
im, sagen wir, – im All!
Und senkrecht! – wärest du dann nicht
ganz in dem gleichen Fall?

Der Würfel

Ein Würfel sprach zu sich: Ich bin
mir selbst nicht völlig zum Gewinn!

Denn meines Wesens sechste Seite,
und sei es auch ein Auge bloß,
sieht immerdar, statt in die Weite,
der Erde ewig dunklen Schoß.

Als dies die Erde, drauf er ruhte,
vernommen, ward ihr schlimm zumute.

Du Esel, sprach sie, ich bin dunkel,
weil dein Gesäß mich just bedeckt!
Ich bin so licht wie ein Karfunkel,
sobald du dich hinweggefleckt.

Der Würfel, innerlichst beleidigt,
hat sich nicht weiter drauf verteidigt.

Kronprätendenten

– »Ich bin der Graf von Réaumur
und hass euch wie die Schande!
Dient nur dem Celsio für und für,
Ihr Apostatenbande!«

Im Winkel König Fahrenheit
hat still sein Mus gegessen.
– »Ach Gott, sie war doch schön, die Zeit,
da man nach mir gemessen!«

Die Weste

Es lebt in Süditalien eine Weste
an einer Kirche dämmrigem Altar.
Versteht mich recht: Noch dient sie Gott aufs beste.
Doch wie in Adam schon Herr Haeckel war,
(zum Beispiel bloß), so steckt in diesem Reste
Brokat voll Silberblümlein wunderbar
schon heut der krause Übergang verborgen
vom Geist von gestern auf den Leib von morgen.

4.

Philanthropisch

Ein nervöser Mensch auf einer Wiese
wäre besser ohne sie daran;
darum seh er, wie er ohne diese
(meistens mindstens) leben kann.

Kaum dass er gelegt sich auf die Gräser,
naht der Ameis, Heuschreck, Mück und Wurm,
naht der Tausendfuß und Ohrenbläser,
und der Hummel ruft zum Sturm.

Ein nervöser Mensch auf einer Wiese
tut drum besser, wieder aufzustehn
und dafür in andre Paradiese
(beispielshalber: weg) zu gehn.

Der Mond

Als Gott den lieben Mond erschuf,
gab er ihm folgenden Beruf:

Beim Zu- sowohl wie beim Abnehmen
sich deutschen Lesern zu bequemen,

ein [A] formierend und ein [Z] –
dass keiner groß zu denken hätt.

Befolgend dies, ward der Trabant
ein völlig deutscher Gegenstand.

Die Westküsten

Die Westküsten traten eines Tages zusammen
und erklärten, sie seien keine Westküsten,
weder Ostküsten noch Westküsten –
»dass sie nicht wüssten!«

Sie wollten wieder ihre Freiheit haben
und für immer das Joch des Namens abschütteln,
womit eine Horde von Menschenbütteln
sich angemaßt habe, sie zu begaben.

Doch wie sich befreien, wie sich erretten
aus diesen widerwärtigen Ketten?
Ihr Westküsten, fing eine an zu spotten,
gedenkt ihr den Menschen etwan auszurotten?

Und wenn schon! rief eine andre schrill.
Wenn ich seine Magd nicht mehr heißen will? –
Dann blieben aber immer noch die Atlanten –
meinte eine von den asiatischen Tanten.

Schließlich, wie immer in solchen Fällen,

tat man eine Resolution aufstellen.
Fünfhundert Tintenfische wurden aufgetrieben,
und mit ihnen wurde folgendes geschrieben:

Wir Westküsten erklären hiermit einstimmig,
dass es uns nicht gibt, und zeichnen hochachtungsvoll:
Die vereinigten Westküsten der Erde. –
Und nun wollte man, dass dies verbreitet werde.

Sie riefen den Walfisch, doch er tat's nicht achten;
sie riefen die Möwen, doch die Möwen lachten;
sie riefen die Wolke, doch die Wolke vernahm nicht;
sie riefen ich weiß nicht was, doch ich weiß nicht was kam nicht.

Ja, wieso denn, wieso? schrie die Küste von Ecuador:
Wärst du etwa kein Walfisch, du grober Tor?
Sehr richtig, sagte der Walfisch mit vollkommener Ruh:
Dein Denken, liebe Küste, dein Denken macht mich erst dazu.

Da war's den Küsten, als säh'n sie sich im Spiegel;
ganz seltsam erschien ihnen plötzlich ihr Gewiegel.
Still schwammen sie heim, eine jede nach ihrem Land.
Und die Resolution, die blieb unversandt.

Unter Zeiten

Das Perfekt und das Imperfekt
tranken Sekt.
Sie stießen aufs Futurum an
(was man wohl gelten lassen kann).

Plusquamper und Exaktfutur
blinzten nur.

Unter Schwarzkünstlern

Eines Mittags las man:
»Pfiffe zu mieten gesucht!
Hundertweis, zu jedem Preis!
Victor Emanuel Wasmann!«

Um sechs Uhr kam der erste Pfiff
von einem alten Kohlenschiff.
Um acht Uhr waren's tausend schon.
Um neun Uhr eine halbe Million.

Victor Emanuel Wasmann schlug
die Türe zu: »Nun ist's genug!
Hört zu, ihr Pfiffe!

Ich habe einen Feind (hört! hört!),
der mir des nachts die Ruhe stört –
auf den sollt ihr marschieren!

Er hat Gelächter angestellt,
die schickt er nachts mir an mein Bett,
da hocken sie auf der Decke,

mit Flügeln weiß und Flügeln rot,
und krähn und flattern mich zu Tod. –
Doch alles hat sein Ende.«

Die Pfiffe pfiffen wie ein Mann;
empfingen ihren Sold sodann.
(Ein Schusterjungenpfiff sogar
bot Wasmann sich als Bravo dar.)

Drauf ließ er sie durchs Ofenloch ...
Doch lange stand er brütend noch,
schrieb Zeichen, hob die Hand und schwur,
ein schwarzer Meister der Natur ...

Bald nach diesem ging
ein Herr Axel Ring
kurzerhand
außer Land. –

Wasmann hatte gesiegt.

Palmström

Palmström steht an einem Teiche
und entfaltet groß ein rotes Taschentuch:
Auf dem Tuch ist eine Eiche
dargestellt, sowie ein Mensch mit einem Buch.

Palmström wagt nicht sich hineinzuschneuzen –
er gehört zu jenen Käuzen,
die oft unvermittelt-nackt
Ehrfurcht vor dem Schönen packt.

Zärtlich faltet er zusammen,
was er eben erst entbreitet.
Und kein Fühlender wird ihn verdammen,
weil er ungeschneuzt entschreitet.

Der Traum der Magd

Am Morgen spricht die Magd ganz wild:
»Ich hab heut nacht ein Kind gestillt –

ein Kind mit einem Käs als Kopf –
und einem Horn am Hinterschopf!

Das Horn, o denkt euch, war aus Salz
und ging zu essen, und dann –«

»Halt's –

halt's Maul!« so spricht die Frau, »und geh
an deinen Dienst, Zä-zi-li-e!«

5.

Das Nasobem

Auf seinen Nasen schreitet
einher das Nasobem,
von seinem Kind begleitet.
Es steht noch nicht im Brehm.

Es steht noch nicht im Meyer.
Und auch im Brockhaus nicht.
Es trat aus meiner Leyer
zum ersten Mal ans Licht.

Auf seinen Nasen schreitet
(wie schon gesagt) seitdem,
von seinem Kind begleitet,
einher das Nasobem.

Anto-Logie

Im Anfang lebte, wie bekannt,
als größter Säuger der *Gig*-ant.

Wobei gig eine Zahl ist, die
es nicht mehr gibt, – so groß war sie!

Doch jene Größe schwand wie Rauch.
Zeit gab's genug – und Zahlen auch.

Bis eines Tags, ein winzig Ding,
der *Zwölef*-ant das Reich empfing.

Wo blieb sein Reich? Wo blieb er selb? –
Sein Bein wird im Museum gelb.

Zwar gab die gütige Natur
den *Elef*-anten uns dafur.

Doch ach, der Pulverpavian,
der Mensch, voll Gier nach seinem Zahn,

erschießt ihn, statt ihm Zeit zu lassen,
zum *Zehen*-anten zu verblassen.

O, »Klub zum Schutz der wilden Tiere«,
hilf, dass der Mensch nicht ruiniere

die Sprossen dieser Riesenleiter,
die stets noch weiter führt und weiter!

Wie dankbar wird der Ant dir sein,
lässt du ihn wachsen und gedeihn, –

bis er dereinst im Nebel hinten
als *Nulel*-ant wird stumm verschwinden.

Die Hystrix

Das hinterindische Stachelschwein
(hystrix grotei Gray),
das hinterindische Stachelschwein
aus Siam, das tut weh.

Entdeckst du wo im Walde drauß
bei Siam seine Spur,
dann tritt es manchmal, sagt man, aus
den Schranken der Natur.

Dann gibt sein Zorn ihm so Gewalt,

dass, eh' du dich versiehst,
es seine Stacheln jung und alt
auf deinen Leib verschießt.

Von oben bis hinab sodann
stehst du gespickt am Baum,
ein heiliger Sebastian,
und traust den Augen kaum.

Die Hystrix aber geht hinweg,
an Leib und Seele wüst.
Sie sitzt im Dschungel im Versteck
und büßt.

Die Probe

Zu einem seltsamen Versuch
erstand ich mir ein Nadelbuch.

Und zu dem Buch ein altes zwar,
doch äußerst kühnes Dromedar.

Ein Reicher auch daneben stand,
zween Säcke Gold in jeder Hand.

Der Reiche ging alsdann herfür
und klopfte an die Himmelstür.

Drauf Petrus sprach: »Geschrieben steht,
dass ein Kamel weit eher geht

durchs Nadelöhr, als Du, du Heid,
durch diese Türe groß und breit!«

Ich, glaubend fest an Gottes Wort,
ermunterte das Tier sofort,

ihm zeigend hinterm Nadelöhr

ein Zuckerhörnchen als Douceur.

Und in der Tat! Das Vieh ging durch,
obzwar sich quetschend wie ein Lurch!

Der Reiche aber sah ganz stier
und sagte nichts als »Wehe mir!«

Im Jahre 1900

Die Ameisen oder Emsen
sind so weit jetzt, dass sie Gemsen
sich als Sklaven halten (aus
Gründen ihres Körperbaus).

Da sie selber sehr viel kleiner,
so bedienen sie sich einer
Gemse oder zweier Gemsen
zu Gebirgspartien, die Emsen.

Ist sodann ein Adlernest
abgesucht bis auf den Rest,
gehn sie endlich, zog der Weih
schon den Ameisbären bei,

wieder ihm aus Horst und Rock –
und besteigen ihren Bock,
der sie, wie ein Stein, der springt,
heim zu ihrem Hügel bringt.

Angepflöckt, so stehn die Gemsen
In der Nähe dort der Emsen,
bei den Läusen u.s.w.
und verwünschen ihre Reiter.

Der Gaul

Es läutet beim Professor Stein.
Die Köchin rupft die Hühner.
Die Minna geht: Wer kann das sein? –
Ein Gaul steht vor der Türe.

Die Minna wirft die Türe zu.
Die Köchin kommt: Was gibt's denn?
Das Fräulein kommt im Morgenschuh.
Es kommt die ganze Familie.

»Ich bin, verzeihn Sie«, spricht der Gaul,
»der Gaul vom Tischler Bartels.
Ich brachte Ihnen dazumaul
die Tür- und Fensterrahmen!«

Die vierzehn Leute samt dem Mops,
sie stehn, als ob sie träumten.
Das kleinste Kind tut einen Hops,
die andern stehn wie Bäume.

Der Gaul, da keiner ihn versteht,
schnalzt bloß mal mit der Zunge,
dann kehrt er still sich ab und geht
die Treppe wieder hinunter.

Die dreizehn schaun auf ihren Herrn,
ob er nicht sprechen möchte
»Das war«, spricht der Professor Stein,
»ein unerhörtes Erlebnis! ...«

Der heroische Pudel

Ein schwarzer Pudel, dessen Haar
des abends noch wie Kohle war,
betrübte sich so höllenheiß,

weil seine Dame Flügel spielte,
trotzdem er heulte: dass (o Preis
dem Schmerz, der solchen Sieg erzielte!)
er beim Gekräh der Morgenhähne
aufstand als wie ein hoher Greis –
mit einer silberweißen Mähne.

Das Huhn

In der Bahnhofshalle, nicht für es gebaut,
geht ein Huhn
hin und her ...
Wo, wo ist der Herr Stationsvorsteh'r?
Wird dem Huhn
man nichts tun?
Hoffen wir es! Sagen wir es laut:
dass ihm unsre Sympathie gehört,
selbst an dieser Stätte, wo es – »stört«!

Möwenlied

Die Möwen sehen alle aus,
als ob sie Emma hießen.
Sie tragen einen weißen Flaus
und sind mit Schrot zu schießen.

Ich schieße keine Möwe tot,
ich lass sie lieber leben –
und füttre sie mit Roggenbrot
und rötlichen Zibeben.

O Mensch, du wirst nie nebenbei
der Möwe Flug erreichen.
Wofern du Emma heißest, sei
zufrieden, ihr zu gleichen.

Igel und Agel

Ein Igel saß auf einem Stein
und blies auf einem Stachel sein.
Schalmeiala, schalmeialü!
Da kam sein Feinslieb Agel
und tat ihm schnigel schnagel
zu seinen Melodein.
Schnigula schnagula
schnaguleia lü!

Das Tier verblies sein Flötenhemd ...
»Wie siehst du aus so furchtbar fremd!?«
Schalmeiala, schalmeialü –.
Feins Agel ging zum Nachbar, ach!
Den Igel aber hat der Bach
zum Weiher fortgeschwemmt.
Wigula wagula
waguleia wü
tü tü ...

Der Werwolf

Ein Werwolf eines Nachts entwich
von Weib und Kind und sich begab
an eines Dorfschullehrers Grab
und bat ihn: Bitte, beuge mich!

Der Dorfschulmeister stieg hinauf
auf seines Blechschilds Messingknauf
und sprach zum Wolf, der seine Pfoten
geduldig kreuzte vor dem Toten:

»Der Werwolf« – sprach der gute Mann,
»des Weswolfs, Genitiv sodann,
dem Wemwolf, Dativ, wie man's nennt,

den Wenwolf, – damit hat's ein End.«

Dem Werwolf schmeichelten die Fälle,
er rollte seine Augenbälle.
Indessen, bat er, füge doch
zur Einzahl auch die Mehrzahl noch!

Der Dorfschulmeister aber musste
gestehn, dass er von ihr nichts wusste.
Zwar Wölfe gäb's in großer Schar,
doch »Wer« gäb's nur im Singular.

Der Wolf erhob sich tränenblind –
er hatte ja doch Weib und Kind!!
Doch da er kein Gelehrter eben,
so schied er dankend und ergeben.

Die Fingur

Es lacht die Nachtalp-Henne,
es weint die Windhorn-Gans,
es bläst der schwarze Senne
zum Tanz.

Ein Uhu-Tauber turtelt
nach seiner Uhuin.
Ein kleiner Sechs-Elf hurtelt
von Busch zu Busch dahin ...

Und Wiedergänger gehen,
und Raben rufen kolk,
und aus den Teichen sehen
die Fingur und ihr Volk ...

Km 21

Ein Rabe saß auf einem Meilenstein
und rief Ka-em-zwei-ein, Ka-em-zwei-ein ...

Der Werhund lief vorbei, im Maul ein Bein,
Der Rabe rief Ka-em-zwei-ein, zwei-ein.

Vorüber zottelte das Zapfenschwein,
der Rabe rief und rief Ka-em-zwei-ein.

»Er ist besessen!« – kam man überein.
»Man führe ihn hinweg von diesem Stein!«

Zwei Hasen brachten ihn zum Kräuterdachs.
Sein Hirn war ganz verstört und weich wie Wachs.

Noch sterbend rief er (denn er starb dort) sein
Ka-em-zwei-ein, Ka-em-Ka-em-zwei-ein ...

Geiss und Schleiche

Die Schleiche singt ihr Nachtgebet,
die Waldgeiß staunend vor ihr steht.

Die Waldgeiß schüttelt ihren Bart,
wie ein Magister hochgelahrt.

Sie weiß nicht, was die Schleiche singt,
sie hört nur, dass es lieblich klingt.

Die Schleiche fällt in Schlaf alsbald.
Die Geiß geht sinnend durch den Wald.

Der Purzelbaum

Ein Purzelbaum trat vor mich hin
und sagt: »Du nur siehst mich
und weißt, was für ein Baum ich bin:
Ich schieße nicht, man schießt mich.

Und trag ich Frucht? Ich glaube kaum;
auch bin ich nicht verwurzelt.
Ich bin nur noch ein Purzeltraum,
sobald ich hingepurzelt.«

»Je nun«, so sprach ich, »bester Schatz,
du bist doch klug und siehst uns; –
nun, auch für uns besteht der Satz:
wir schießen nicht, es schießt uns.

Auch Wurzeln treibt man nicht so bald,
und Früchte nun erst recht nicht.
Geh heim in deinen Purzelwald,
und lästre dein Geschlecht nicht.«

Die zwei Wurzeln

Zwei Tannenwurzeln groß und alt
unterhalten sich im Wald.

Was droben in den Wipfeln rauscht,
das wird hier unten ausgetauscht.

Ein altes Eichhorn sitzt dabei
und strickt wohl Strümpfe für die zwei.

Die eine sagt: knig. Die andre sagt: knag.
Das ist genug für einen Tag.

Palmström

Die meisten dieser Gedichte entstanden zwischen 1905 und 1910;
Erstdruck bei Bruno Cassirer, Berlin 1910.

[1.]

Palmström

Palmström steht an einem Teiche
und entfaltet groß ein rotes Taschentuch:
Auf dem Tuch ist eine Eiche
dargestellt, sowie ein Mensch mit einem Buch.

Palmström wagt nicht sich hineinzuschneuzen –
er gehört zu jenen Käuzen,
die oft unvermittelt-nackt
Ehrfurcht vor dem Schönen packt.

Zärtlich faltet er zusammen,
was er eben erst entbreitet.
Und kein Fühlender wird ihn verdammen,
weil er ungeschneuzt entschreitet.

Das böhmische Dorf

Palmström reist, mit einem Herrn v. Korf,
in ein sogenanntes Böhmisches Dorf.

Unverständlich bleibt ihm alles dort,
von dem ersten bis zum letzten Wort.

Auch v. Korf (der nur des Reimes wegen
ihn begleitet) ist um Rat verlegen.

Doch just dieses macht ihn blass vor Glück.
Tiefentzückt kehrt unser Freund zurück.

Und er schreibt in seine Wochenchronik:
Wieder ein Erlebnis, voll von Honig!

Nach Norden

Palmström ist nervös geworden;
darum schläft er jetzt nach Norden.

Denn nach Osten, Westen, Süden
schlafen, heißt das Herz ermüden.

(Wenn man nämlich in Europen
lebt, nicht südlich in den Tropen.)

Solches steht bei zwei Gelehrten,
die auch Dickens schon bekehrten –

und erklärt sich aus dem steten
Magnetismus des Planeten.

Palmström also heilt sich örtlich,
nimmt sein Bett und stellt es nördlich.

Und im Traum, in einigen Fällen,
hört er den Polarfuchs bellen.

Westöstlich

Als er dies v. Korf erzählt,
fühlt sich dieser leicht gequält;

denn für ihn ist Selbstverstehung,
dass man mit der Erdumdrehung

schlafen müsse, mit den Pfosten
seines Körpers strikt nach Osten.

Und so scherzt er kaustisch-köstlich:
Nein, mein Diwan bleibt – westöstlich!

Bildhauerisches

Palmström haut aus seinen Federbetten,
sozusagen, Marmorimpressionen:
Götter, Menschen, Bestien und Dämonen.

Aus dem Stegreif fasst er in die Daunen
des Plumeaus und springt zurück, zu prüfen,
leuchterschwingend, seine Schöpferlaunen.

Und im Spiel der Lichter und der Schatten
schaut er Zeuse, Ritter und Mulatten,
Tigerköpfe, Putten und Madonnen ...

träumt: wenn Bildner all dies wirklich schüfen,
würden sie den Ruhm des Alters retten,
würden Rom und Hellas übersonnen!

Die Kugeln

Palmström nimmt Papier aus seinem Schube.
Und verteilt es kunstvoll in der Stube.

Und nachdem er Kugeln draus gemacht.
Und verteilt es kunstvoll, und zur Nacht.

Und verteilt die Kugeln so (zur Nacht),
dass er, wenn er plötzlich nachts erwacht,

dass er, wenn er nachts erwacht, die Kugeln
knistern hört und ihn ein heimlich Grugeln

packt (dass ihn dann nachts ein heimlich Grugeln
packt) beim Spuk der packpapiernen Kugeln ...

Lärmschutz

Palmström liebt sich in Geräusch zu wickeln,
teils zur Abwehr wider fremde Lärme,
teils um sich vor drittem Ohr zu schirmen.

Und so lässt er sich um seine Zimmer
Wasserröhren legen, welche brausen.
Und ergeht sich, so behütet, oft in

stundenlangen Monologen, stunden–
langen Monologen, gleich dem Redner
von Athen, der in die Brandung brüllte,

gleich Demosthenes am Strand des Meeres.

Der vorgeschlafene Heilschlaf

Palmström schläft vor zwölf Experten
den berühmten Schlaf vor Mitternacht,
seine Heilkraft zu erhärten.

Als er, da es zwölf, erwacht,
sind die zwölf Experten sämtlich müde.
Er allein ist frisch wie eine junge Rüde!

Zukunftssorgen

Korf, den Ahnung leicht erschreckt,
sieht den Himmel schon bedeckt
von Ballonen jeder Größe
und verfertigt ganze Stöße
von Entwürfen zu Statuten
eines Klubs zur resoluten
Wahrung der gedachten Zone
vor der Willkür der Ballone.

Doch er ahnt schon, ach, beim Schreiben
seinen Klub im Rückstand bleiben:
dämmrig, dünkt ihn, wird die Luft
und die Landschaft Grab und Gruft.
Er begibt sich drum der Feder,
steckt das Licht an (wie dann jeder),
tritt damit bei Palmström ein,
und so sitzen sie zu zwein.

Endlich, nach vier langen Stunden,
ist der Albdruck überwunden.
Palmström bricht zuerst den Bann:
Korf, so spricht er, sei ein Mann!
Du vergreifst dich im Jahrzehnt:
Noch wird all das erst ersehnt,
was, vom Geist dir vorgegaukelt,
heut dein Haupt schon überschaukelt.

Korf entrafft sich dem Gesicht.
Niemand fliegt im goldnen Licht!
Er verlöscht die Kerze schweigend.
Doch dann, auf die Sonne zeigend,
spricht er: Wenn nicht jetzt, so einst –
kommt es, dass du nicht mehr scheinst,
wenigstens nicht uns, den – grausend
sag ich's –: Unteren Zehntausend! ...

Wieder sitzt v. Korf danach
stumm in seinem Schreibgemach
und entwirft Statuten eines
Klubs zum Schutz des Sonnenscheines.

Das Warenhaus

Palmström kann nicht ohne Post
leben:
Sie ist seiner Tage Kost.

Täglich dreimal ist er ganz
Spannung.
Täglich ist's der gleiche Tanz:

Selten hört er einen Brief
plumpen
in den Kasten breit und tief.

Düster schilt er auf den Mann,
welcher,
wie man weiß, nichts dafür kann.

Endlich kommt er drauf zurück:
auf das:
»Warenhaus für Kleines Glück«.

Und bestellt dort, frisch vom Rost,
(quasi):
ein Quartal – »Gemischte Post«!

Und nun kommt von früh bis spät
Post von
aller Art und Qualität.

Jedermann teilt sich ihm mit,
brieflich,
denkt an ihn auf Schritt und Tritt.

Palmström sieht sich in die Welt
plötzlich
überall hineingestellt ...

Und ihm wird schon wirr und weh ...
Doch es
ist ja nur das – »W.K.G.«

Bona Fide

Palmström geht durch eine fremde Stadt ...
Lieber Gott, so denkt er, welch ein Regen!
Und er spannt den Schirm auf, den er hat.

Doch am Himmel tut sich nichts bewegen,
und kein Windhauch rührt ein Blatt.
Gleichwohl darf man jenen Argwohn hegen.

Denn das Pflaster, über das er wandelt,
ist vom Magistrat voll List – gesprenkelt.
Bona fide hat der Gast gehandelt.

Sprachstudien

Korf und Palmström nehmen Lektionen,
um das Wetter-Wendische zu lernen.
Täglich pilgern sie zu den modernen
Ollendorffschen Sprachlehrgrammophonen.

Dort nun lassen sie mit vielen andern,
welche gleichfalls steile Charaktere,
(gleich als ob's ein Ziel für Edle wäre),
sich im Wetter-Wendischen bewandern.

Dies Idiom behebt den Geist der Schwere,
macht sie unstet, launisch und cholerisch ...
Doch die Sache bleibt nur peripherisch.
Und sie werden wieder – Charaktere.

Theater

Palmström denkt sich Dieses aus:
Ein quadratisch Bühnenhaus,

mit (v. Korf begreift es kaum)
drehbarem Zuschauerraum.

Viermal wechselt Dichters Welt,
viermal wirst du umgestellt.

Auf vier Bühnen tief und breit
schaust du basse Wirklichkeit.

Denn in dieser Quadratur,
wo pro Jahr ein Drama nur,

wird natürlich jeder Akt
höchst veristisch angepackt.

Mauern siehst du da von Stein,
Bäche murmeln quick und rein,

Erdreich riechst du schlecht und recht,
Gras und Baum blühn wurzelecht.

Alles steht hier für ein Jahr
und ist deshalb wirklich wahr.

Palmström macht sich ein Modell:
formt aus Rauschgold einen Quell

und aus Schächtelchen ein Dorf ...
und verehrt das Ganze Korf.

Im Tierkostüm

Palmström liebt es, Tiere nachzuahmen,
und erzieht zwei junge Schneider
lediglich auf Tierkostüme.

So z.B. hockt er gern als Rabe
auf dem oberen Aste einer Eiche
und beobachtet den Himmel.

Häufig auch als Bernhardiner
legt er zottigen Kopf auf tapfere Pfoten,
bellt im Schlaf und träumt gerettete Wanderer.

Oder spinnt ein Netz in seinem Garten
aus Spagat und sitzt als eine Spinne
tagelang in dessen Mitte.

Oder schwimmt, ein glotzgeäugter Karpfen,
rund um die Fontäne seines Teiches
und erlaubt den Kindern ihn zu füttern.

Oder hängt sich im Kostüm des Storches
unter eines Luftschiffs Gondel
und verreist so nach Ägypten.

Die Tagnachtlampe

Korf erfindet eine Tagnachtlampe,
die, sobald sie angedreht,
selbst den hellsten Tag
in Nacht verwandelt.

Als er sie vor des Kongresses Rampe
demonstriert, vermag
niemand, der sein Fach versteht,
zu verkennen, dass es sich hier handelt –

(Finster wird's am hellerlichten Tag,
und ein Beifallssturm das Haus durchweht)
(Und man ruft dem Diener Mampe:
»Licht anzünden!«) – dass es sich hier handelt

um das Faktum: dass gedachte Lampe,
in der Tat, wenn angedreht,
selbst den hellsten Tag
in Nacht verwandelt.

Die Korfsche Uhr

Korf erfindet eine Uhr,
die mit zwei Paar Zeigern kreist
und damit nach vorn nicht nur,
sondern auch nach rückwärts weist.

Zeigt sie zwei, somit auch zehn;
zeigt sie drei, somit auch neun;
und man braucht nur hinzusehn,
um die Zeit nicht mehr zu scheun.

Denn auf dieser Uhr von Korfen,
mit dem janushaften Lauf,
(dazu ward sie so entworfen):
hebt die Zeit sich selber auf.

Palmströms Uhr

Palmströms Uhr ist andrer Art,
reagiert mimosisch zart.

Wer sie bittet, wird empfangen.
Oft schon ist sie so gegangen,

wie man herzlich sie gebeten,
ist zurück – und vorgetreten,

eine Stunde, zwei, drei Stunden,
je nachdem sie mitempfunden.

Selbst als Uhr, mit ihren Zeiten,
will sie nicht Prinzipien reiten:

Zwar ein Werk, wie allerwärts,
doch zugleich ein Werk – mit Herz.

Die Geruchs-Orgel

Palmström baut sich eine Geruchs-Orgel
und spielt drauf v. Korfs Nießwurz-Sonate.

Diese beginnt mit Alpenkräuter-Triolen
und erfreut durch eine Akazien-Arie.

Doch im Scherzo, plötzlich und unerwartet,
zwischen Tuberosen und Eukalyptus,

folgen die drei berühmten Nießwurz-Stellen,
welche der Sonate den Namen geben.

Palmström fällt bei diesen Ha-Cis-Synkopen
jedes Mal beinahe vom Sessel, während

Korf daheim, am sichern Schreibtisch sitzend,
Opus hinter Opus aufs Papier wirft ...

Der Aromat

Angeregt durch Korfs Geruchs-Sonaten,
gründen Freunde einen »Aromaten«.

Einen Raum, in welchem, kurz gesprochen,
nicht geschluckt wird, sondern nur gerochen.

Gegen Einwurf kleiner Münzen treten
aus der Wand balsamische Trompeten,

die den Gästen in geblähte Nasen,
was sie wünschen, leicht und lustig blasen.

Und zugleich erscheint auf einem Schild
des Gerichtes wohlgetroffnes Bild

Viele Hunderte, um nicht zu lügen,
speisen nun erst wirklich mit Vergnügen.

Die unmögliche Tatsache

Palmström, etwas schon an Jahren,
wird an einer Straßenbeuge
und von einem Kraftfahrzeuge
überfahren.

Wie war (spricht er, sich erhebend
und entschlossen weiterlebend)
möglich, wie dies Unglück, ja –:
dass es überhaupt geschah?

Ist die Staatskunst anzuklagen
in Bezug auf Kraftfahrwagen?
Gab die Polizeivorschrift
hier dem Fahrer freie Trift?

Oder war vielmehr verboten
hier Lebendige zu Toten
umzuwandeln – kurz und schlicht:
Durfte hier der Kutscher nicht –?

Eingehüllt in feuchte Tücher,
prüft er die Gesetzesbücher
und ist alsobald im klaren:
Wagen durften dort nicht fahren!

Und er kommt zu dem Ergebnis:
Nur ein Traum war das Erlebnis.
Weil, so schließt er messerscharf,
nicht sein kann, was nicht sein darf.

Die Behörde

Korf erhält vom Polizeibüro
ein geharnischt Formular,
wer er sei und wie und wo,

welchen Orts er bis anheute war,
welchen Stands und überhaupt,
wo geboren, Tag und Jahr.

Ob ihm überhaupt erlaubt,
hier zu leben und zu welchem Zweck,
wie viel Geld er hat und was er glaubt.

Umgekehrten Falls man ihn vom Fleck
in Arrest verführen würde, und
drunter steht: Borowsky, Heck.

Korf erwidert darauf kurz und rund:
»Einer hohen Direktion
stellt sich, laut persönlichem Befund,

untig angefertigte Person
als nichtexistent im Eigen-Sinn
bürgerlicher Konvention

vor und aus und zeichnet, wennschonhin
mitbedauernd nebigen Betreff,
Korf. (An die Bezirksbehörde in –).«

Staunend liest's der anbetroffne Chef.

Die Mausefalle

1.

Palmström hat nicht Speck im Haus
dahingegen eine Maus.

Korf, bewegt von seinem Jammer,
baut ihm eine Gitterkammer.

Und mit einer Geige fein
setzt er seinen Freund hinein.

Nacht ist's und die Sterne funkeln.
Palmström musiziert im Dunkeln.

Und derweil er konzertiert,
kommt die Maus hereinspaziert.

Hinter ihr, geheimer Weise,
fällt die Pforte leicht und leise.

Vor ihr sinkt in Schlaf alsbald
Palmströms schweigende Gestalt.

2.

Morgens kommt v. Korf und lädt

das so nützliche Gerät

in den nächsten, sozusagen,
mittelgroßen Möbelwagen,

den ein starkes Ross beschwingt
nach der fernen Waldung bringt,

wo in tiefer Einsamkeit
er das seltne Paar befreit.

Erst spaziert die Maus heraus,
und dann Palmström, nach der Maus.

Froh genießt das Tier der neuen
Heimat, ohne sich zu scheuen.

Während Palmström, glückverklärt,
mit v. Korf nach Hause fährt.

Die weggeworfene Flinte

Palmström findet eines Abends,
als er zwischen hohem Korn
singend schweift,
eine Flinte.

Trauernd bricht er seinen Hymnus
ab und setzt sich in den Mohn,
seinen Fund
zu betrachten.

Innig stellt er den Verzagten,
der ins Korn sie warf, sich vor
und beklagt
ihn von Herzen.

Mohn und Ähren und Cyanen

windet seine Hand derweil
still um Lauf,
Hahn und Kolben ...

Und er lehnt den so bekränzten
Stutzen an den Kreuzwegstein,
hoffend zart,
dass der Zage,

noch einmal des Weges kommend,
ihn erblicken möge – und –
(.. Seht den Mond
groß im Osten..)

Korfs Verzauberung

Korf erfährt von einer fernen Base,
einer Zauberin,
die aus Kräuterschaum Planeten blase,
und er eilt dahin,
eilt dahin gen Odelidelase,
zu der Zauberin ...

findet wandelnd sie auf ihrer Wiese,
fragt sie, ob sie sei,
die aus Kräuterschaum Planeten bliese,
ob sie sei die Fei,
sei die Fei von Odeladelise?
Ja, sie sei die Fei!

Und sie reicht ihm willig Krug und Ähre,
und er bläst den Schaum,
und sie da, die wunderschönste Sphäre
wölbt sich in den Raum,
wölbt sich auf, als ob's ein Weltball wäre,
nicht nur Schaum und Traum.

Und die Kugel löst sich los vom Halme,
schwebt gelind empor,
dreht sich um und mischt dem Sphärenpsalme,
mischt dem Sphärenchor
Töne, wie aus ferner Hirtenschalme
dringen sanft hervor.

In dem Spiegel aber ihrer Runde
schaut v. Korf beglückt,
was ihm je in jeder guten Stunde
durch den Sinn gerückt:
Seine Welt erblickt mit offnem Munde
Korf entzückt.

Und er nennt die Base seine Muse,
und sieh da! sieh dort!
Es erfasst ihn was an seiner Bluse
und entführt ihn fort,
führt ihn fort aus Odeladeluse
nach dem neuen Ort ...

Professor Palmström

Irgendwo im Lande gibt es meist
einen Staat, von dem, was sich an Geist
irgendwo befindet und erweist,
doch noch nirgendwo Professor heißt,

eben zum Professor wird gemacht,
wie von wem, der unaufhörlich wacht,
ob er auch jeder Seele wird gedacht,
die der Menschheit Glück und Heil gebracht.

Solch ein Staat und solch ein Fürst, o denkt,
hat auch Palmströms Los zum Licht gelenkt,
hat ihm den Professorrang geschenkt

und das Kreuz für Kunst ihm umgehenkt.

Palmström gibt das Kreuz für Kunst zurück;
denn er trägt kein solches Kleidungsstück.
Den Professor nicht; denn man versteht:
Als Professor gilt erst ein Prophet.

Muhme Kunkel

Palma Kunkel ist mit Palm verwandt,
doch im übrigen sonst nicht bekannt.
Und sie wünscht auch nicht bekannt zu sein,
lebt am liebsten ganz für sich allein.

Über Muhme Palma Kunkel drum
bleibt auch der Chronist vollkommen stumm.
Nur wo selbst sie aus dem Dunkel tritt,
teilt er dies ihr Treten treulich mit.

Doch sie trat bis jetzt noch nicht ans Licht,
und sie will es auch in Zukunft nicht.
Schon dass hier ihr Name lautbar ward,
widerspricht vollkommen ihrer Art.

Der Papagei

Palma Kunkels Papagei
spekuliert nicht auf Applaus:
niemals, was auch immer sei,
spricht er seine Wörter aus.

Deren Zahl ist ohne Zahl:
denn er ist das klügste Tier,
das man je zum Kauf empfahl,
und der Zucht vollkommne Zier.

Doch indem er streng dich misst,
scheint sein Zungenglied verdorrt:
gleichviel, wer du immer bist,
er verrät dir nicht ein Wort.

»Lore«

Wie heißt der Papagei? wird mancher fragen.
Doch nie wird jemand jemandem dies sagen.

Er ward einmal mit »Lore« angesprochen –
und fiel darauf in Wehmut viele Wochen.

Er ward erst wieder voll und ganz gesund
durch einen Freund: Fritz Kunkels jungen Hund.

Lorus

Fritz Kunkels Pudel ward, noch ungetauft,
von einem Stiefmilchbruder Korfs gekauft.

Es trieb ihn, als er, hilfreich von Natur,
der sogenannten »Lore« Leid erfuhr,

sogleich zu ihr: worauf er, der nicht hieß,
sich ihr zum Troste »Lorus« taufen ließ:

den Namen also gleichsam auf sich nehmend –
und alle Welt durch diese Tat beschämend!

Korf selbst vollzog den Taufakt unverweilt.
Der Vogel aber war fortan geheilt.

Wort-Kunst

Palma Kunkel spricht auch. O gewiss.
Freilich nicht wie Volk der Finsternis.

Nicht von Worten kollernd wie ein Bronnen,
niemals nachwärts-, immer vorbesonnen.

Völlig fremd den hilflos vielen Schällen,
fragt sie nur in wirklich großen Fällen.

Fragt den Zwergen niemals, nur den Riesen,
und auch nicht, wie es ihm gehe, diesen.

Nicht vom Wetter spricht sie, nicht vom Schneider,
höchstens von den Grundproblemen beider.

Und so bleibt sie jung und unverbraucht,
weil ihr Odem nicht wie Dunst verraucht.

Zäzilie

Zäzilie soll die Fenster putzen,
sich selbst zum Gram, jedoch dem Haus zum Nutzen.

Durch meine Fenster muss man, spricht die Frau,
so durchsehn können, dass man nicht genau
erkennen kann, ob dieser Fenster Glas
Glas oder bloße Luft ist. Merk dir das.

Zäzilie ringt mit allen Menschen-Waffen ...
Doch Ähnlichkeit mit Luft ist nicht zu schaffen.
Zuletzt ermannt sie sich mit einem Schrei –
und schlägt die Fenster allesamt entzwei!
Dann säubert sie die Rahmen von den Resten,
und ohne Zweifel ist es so am besten.
Sogar die Dame spricht, zunächst verdutzt:

So hat Zäzilie ja noch nie geputzt.

Doch alsobald ersieht man, was geschehn,
und spricht einstimmig: Diese Magd muss gehn.

Korf und Palmström wetteifern in Notturnos

Die Priesterin

Nachdenklich nickt im Dämmer die Pagode ...
Daneben tritt aus ihres Hauses Pforte
T'ang-ku-ei-i, die Hüterin der Orte
vom krausen Leben und vom grausen Tode.

Aus ihrem Munde hängt die Mondschein-Ode
Tang-Wangs, des Kaisers, mit geblümter Borte,
in ihren Händen trägt sie eine Torte,
gekrönt von einer winzigen Kommode.

So wandelt sie die sieben ängstlich schmalen
aus Flötenholz geschwungnen Tempelbrücken
zum Grabe des vom Mond erschlagnen Hundes –

und brockt den Kuchen in die Opferschalen –
und lockt den Mond, sich auf den Schrein zu bücken,
und reicht ihm ihr Gedicht gespitzten Mundes ...

v.K.

Der Rock

Der Rock, am Tage angehabt,
er ruht zur Nacht sich schweigend aus;
durch seine hohlen Ärmel trabt
die Maus.

Durch seine hohlen Ärmel trabt
gespenstisch auf und ab die Maus ...
Der Rock, am Tage angehabt,
er ruht zur Nacht sich aus.

Er ruht, am Tage angehabt,
im Schoß der Nacht sich schweigend aus,
er ruht, von seiner Maus durchtrabt,
sich aus.

P.

[2.] Der Wasseresel und anderes

Der Wasseresel

Der Wasseresel taucht empor
und legt sich rücklings auf das Moor.

Und ordnet künstlich sein Gebein,
im Hinblick auf den Mondenschein:

So dass der Mond ein Ornament
auf seines Bauches Wölbung brennt ...

Mit diesem Ornamente naht
er sich der Fingur Wasserstaat.

Und wird von dieser, rings beneidet,
mit einem Doktorhut bekleidet.

Als Lehrer list er nun am Pult,
wie man durch Geist, Licht und Geduld,

verschönern könne, was sonst nicht
in allem dem Geschmack entspricht.

Er stellt zuletzt mit viel Humor

sich selbst als lehrreich Beispiel vor.

»Einst war ich meiner Dummheit Beute«,
so spricht er – »und was bin ich heute?

Ein Kunstwerk der Kulturbegierde,
des Waldes Stolz, des Weihers Zierde!

Seht her, ich bing euch in Person
das Kunsthandwerk als Religion.«

Das Perlhuhn

Das Perlhuhn zählt: eins, zwei, drei, vier ...
Was zählt es wohl, das gute Tier,
dort unter den dunklen Erlen?

Es zählt, von Wissensdrang gejückt,
(die es sowohl wie uns entzückt):
die Anzahl seiner Perlen.

Das Einhorn

Das Einhorn lebt von Ort zu Ort
nur noch als Wirtshaus fort.

Man geht hinein zur Abendstund
und sitzt den Stammtisch rund.

Wer weiß! Nach Jahr und Tag sind wir
auch ganz wie jenes Tier

Hotels nur noch, darin man speist –
(so völlig wurden wir zu Geist).

Im »Goldnen Menschen« sitzt man dann
und sagt sein Solo an ...

Die Nähe

Die Nähe ging verträumt umher ...
Sie kam nie zu den Dingen selber.
Ihr Antlitz wurde gelb und gelber,
und ihren Leib ergriff die Zehr.

Doch eines Nachts, derweil sie schlief,
da trat wer an ihr Bette hin
und sprach: »Steh auf, mein Kind, ich bin
der kategorische Komparativ!

Ich werde dich zum Näher steigern,
ja, wenn du willst, zur Näherin!« –
Die Nähe, ohne sich zu weigern,
sie nahm auch dies als Schicksal hin.

Als Näherin jedoch vergaß
sie leider völlig, was sie wollte,
und nähte Putz und hieß Frau Nolte
und hielt all Obiges für Spaß.

Der Salm

Ein Rheinsalm schwamm den Rhein
bis in die Schweiz hinein.

Und sprang den Oberlauf
von Fall zu Fall hinauf.

Er war schon weißgottwo,
doch eines Tages – oh! –

da kam er an ein Wehr:
das maß zwölf Fuß und mehr!

Zehn Fuß – die sprang er gut!

Doch hier zerbrach sein Mut.

Drei Wochen stand der Salm
am Fuß der Wasser-Alm.

Und kehrte schließlich stumm
nach Deutsch- und Holland um.

Die Elster

Ein Bach, mit Namen Elster, rinnt
durch Nacht und Nebel und besinnt
inmitten dieser stillen Handlung
sich seiner einstigen Verwandlung,
die ihm vor mehr als tausend Jahren
von einem Magier widerfahren.

Und wie so Nacht und Nebel weben,
erwacht in ihm das alte Leben.
Er fährt in eine in der Nähe
zufällig eingeschlafne Krähe
und fliegt, dieweil sein Bett verdorrt,
wie dermaleinst als Vogel fort.

Anfrage

Der Ichthyologe Berthold Schrauben
will Umiges dem Autor glauben.
Er kennt dergleichen aus Oviden,
doch eines raubt ihm seinen Frieden:

Wo nämlich, fragt er, bleibt die Stelle
der Fischwelt obbenannter Quelle.
Verkörpert sie sich mit zum Raben –
oder verbleibt sie tot im Graben?

Persönlich sei er für das Erste,
dem Zweiten aber sei die mehrste
Wahrscheinlichkeit zu geben, da,
als seinerzeit die Tat geschah,

die Pica von dem mächtigen Feinde
in einen ohne Fischgemeinde
zunächst gedachten Wasserlauf
verwandelt worden sei, worauf

erst später jene, teils durch Neben-
gewässer, teils durch Menschenstreben,
als übliche Bewohnersphäre
ihm eingegliedert worden wäre.

Es sei für einen Fall wie diesen,
von Nennwert, nicht unangewiesen,
wenn er, empfänd man's gleich als Bürde,
bis auf den Grund durchleuchtet würde.

Antwort (i.A.)

»Sehr geehrter Herr! Gestatten
Sie der Gattin meines Gatten
seine Antwort mitzuteilen.

Er beglückwünscht sich zu solchen
Äußerungen, die gleich Dolchen
seiner Werke Brust durchwühlen.

Doch er ist zurzeit verhindert.
Nämlich (was den Vorwurf mindert)
durch Verfolgung jenes Falles –

statt nach rückwärts, wie Sie streben,
vorwärts: in das neue Leben
unsrer trefflichen Schalalster!

(Ach, mein Herr, ich wünsch es keinem.)
Folgender ›Entwurf zu einem
bürgerlichen Trauerspiele‹

gibt dem Ganzen eine Wende,
die uns, wie Sie (und wohl viele)
nicht ganz ungleichmütig fühlen

werden, lehrt, wie doch noch alles
recht in Blindheit lebt. Derweilen,
und mit Dank und Grüßen (falls der

Anteil an der Fisch-Allmende
wirklich echt in Ihren Zeilen!)
Ihre X. – Ich bin zu Ende.«

Entwurf zu einem Trauerspiel

Ein Fluss, namens Elster,
besinnt sich auf seine wahre Gestalt
und fliegt eines Abends
einfach weg.

Ein Mann, namens Anton,
erblickt ihn auf seinem Acker und schießt
ihn mit seiner Flinte
einfach tot.

Das Tier, namens Elster,
bereut zu spät seine selbstische Tat;
(denn – Wassersnot tritt
einfach ein).

Der Mann, namens Anton,
(und das ist leider kein Wunder) weiß
von seiner Mitschuld
einfach nichts.

Der Mann, namens Anton,
(und das versöhnt in einigem Maß),
verdurstet gleichwohl
einfach auch.

Das Butterbrotpapier

Ein Butterbrotpapier im Wald,
da es beschneit wird, fühlt sich kalt ...

In seiner Angst, wiewohl es nie
an Denken vorher irgendwie

gedacht, natürlich, als ein Ding
aus Lumpen usw., fing,

aus Angst, so sagte ich, fing an
zu denken, fing, hob an, begann

zu denken, denkt euch, was das heißt,
bekam (aus Angst, so sagt' ich) – Geist,

und zwar, versteht sich, nicht bloß so
vom Himmel droben irgendwo,

vielmehr infolge einer ganz
exakt entstandnen Hirnsubstanz –

die aus Holz, Eiweiß, Mehl und Schmer,
(durch Angst), mit Überspringung der

sonst üblichen Weltalter, an
ihm Boden und Gefäß gewann –

[(mit Überspringung) in und an
ihm Boden und Gefäß gewann.]

Mithilfe dieser Hilfe nun
entschloss sich das Papier zum Tun,

zum Leben, zum – gleichviel, es fing

zu gehn an – wie ein Schmetterling ...

zu kriechen erst, zu fliegen drauf,
bis übers Unterholz hinauf,

dann über die Chaussee und quer
und kreuz und links und hin und her –

wie eben solch ein Tier zur Welt
(je nach dem Wind) (und sonst) sich stellt.

Doch, Freunde! werdet bleich gleich mir! –:
Ein Vogel, dick und ganz voll Gier,

erblickt's (wir sind im Januar ...) –
und schickt sich an, mit Haut und Haar –

und schickt sich an, mit Haar und Haut –
(wer mag da endigen!) (mir graut) –

(Bedenkt, was alles nötig war!) –
und schickt sich an, mit Haut und Haar – –

ein Butterbrotpapier im Wald
gewinnt – aus Angst – Naturgestalt ...

Genug!! Der wilde Specht verschluckt
das unersetzliche Produkt ...

[3.] Zeitgedichte

Der Ästhet

Wenn ich sitze, will ich nicht
sitzen, wie mein Sitz-Fleisch möchte,
sondern wie mein Sitz-Geist sich,
säße er, den Stuhl sich flöchte.

Der jedoch bedarf nicht viel,
schätzt am Stuhl allein den Stil,

überlässt den Zweck des Möbels
ohne Grimm der Gier des Pöbels.

Die Oste

Er ersann zur Weste
eines Nachts die Oste!
sprach: »Was es auch koste!« –
sprach (mit großer Geste):

»Lasst uns auch von hinten
seidne Hyazinthen
samt Karfunkelknöpfen
unsern Rumpf umkröpfen!
Nicht nur auf dem Magen
lasst uns Uhren tragen,
nicht nur überm Herzen
unsre Sparsesterzen!
Fort mit dem betressten
Privileg der Westen!
Gleichheit allerstücken!
Osten für den Rücken!«

Und sieh da, kein Schneider
sagte hierzu: Leider –!
Hunderttausend Scheren
sah man Stoffe queren ...
Ungezählte Posten
wurden schönster Osten
noch vor seinem Tode
»letzter Schrei« der Mode.

Die Schuhe

Man sieht sehr häufig unrecht tun,
doch selten öfter als den Schuhn.

Man weiß, dass sie nach ewgen Normen
die Form der Füße treu umformen.

Die Sohlen scheinen auszuschweifen,
bis sie am Ballen sich begreifen.

Ein jeder merkt: es ist ein Paar.
Nur Mägden wird dies niemals klar.

Sie setzen Stiefel (wo auch immer)
einander abgekehrt vors Zimmer.

Was müssen solche Schuhe leiden!
Sie sind so fleißig, so bescheiden;

sie wollen nichts auf dieser Welt,
als dass man sie zusammen stellt,

nicht auseinanderstrebend wie
das unvernünftig blöde Vieh!

O Ihr Marie, Sophie, Therese –
der Satan wird euch einst, der böse,

die Stiefel anziehn, wenn es heißt,
hinweg zu gehn als seliger Geist!

Dann werdet ihr voll Wehgeheule
das Schicksal teilen jener Eule,

die, als zwei Hasen nach sie flog,
und plötzlich jeder seitwärts bog,

der eine links, der andre rechts,
zerriss (im Eifer des Gefechts)!

Wie Puppen, mitten durchgesägte,
so werdet ihr alsdann, ihr Mägde,

bei Engeln halb und halb bei Teufeln
von niegestillten Tränen träufeln,

der Hölle ein willkommner Spott

und peinlich selbst dem lieben Gott.

Die Zeit

Es gibt ein sehr probates Mittel,
die Zeit zu halten am Schlawittel:
Man nimmt die Taschenuhr zur Hand
und folgt dem Zeiger unverwandt,

Sie geht so langsam dann, so brav
als wie ein wohlgezogen Schaf,
setzt Fuß vor Fuß so voll Manier
als wie ein Fräulein von Saint-Cyr.

Jedoch verträumst du dich ein Weilchen,
so rückt das züchtigliche Veilchen
mit Beinen wie der Vogel Strauß
und heimlich wie ein Puma aus.

Und wieder siehst du auf sie nieder;
ha, Elende! – Doch was ist das?
Unschuldig lächelnd macht sie wieder
die zierlichsten Sekunden-Pas.

Die Lämmerwolke

Es blökt eine Lämmerwolke
am blauen Firmament,
sie blökt nach ihrem Volke,
das sich von ihr getrennt.

Zu Bomst das Luftschiff »Gunther«
vernimmt's und fährt empor
und bringt die Gute herunter,
die, ach, so viel verlor.

Bei Bomst wohl auf der Weide,
da schwebt sie nun voll Dank,

drei Jungfraun in weißem Kleide,
die bringen ihr Speis und Trank.

Doch als der Morgen gekommen,
der nächste Morgen bei Bomst,
da war sie nach Schrimm verschwommen,
wohin du von Bomst aus kommst ...

Die Stationen

Überall, auf allen Stationen
ruft der Mensch den Namen der Station,
überall, wo Bahnbeamte wohnen,
schallt es Köpnick oder Iserlohn.
Wohl der Stadt, die Gott tut so belohnen:
Nicht im Stein nur lebt sie, auch im Ton!
Täglich vielmals wird sie laut verkündet
und dem Hirn des Passagiers verbündet.

Selbst des Nachts, wo sonst nur Diebe munkeln,
hört man: Kötzschenbroda, Schrimm, Kamenz,
sieht man Augen, Knöpfe, Fenster funkeln;
kein Statiönchen ist so klein – man nennt's!
Prenzlau, Bunzlau kennt man selbst im Dunkeln
dank des Dampfs verbindender Tendenz.
Nur die Dörfer seitwärts liegen stille ...
Doch getrost, auch dies ist Gottes Wille.

St. Expeditus

1.

Einem Kloster, voll von Nonnen,
waren Menschen wohlgesonnen.

Und sie schickten, gute Christen,
ihm nach Rom die schönsten Kisten:

Äpfel, Birnen, Kuchen, Socken,
eine Spieluhr, kleine Glocken,

Gartenwerkzeug, Schuhe, Schürzen ...
Außen aber stand: Nicht stürzen!

Oder: Vorsicht! oder welche
wiesen schwarzgemalte Kelche.

Und auf jeder Kiste stand
»Espedito«, kurzerhand.

Unsre Nonnen, die nicht wussten,
wem sie dafür danken mussten,

denn das Gut kam anonym,
dankten vorderhand nur IHM,

rieten aber doch ohn Ende
nach dem Sender solcher Spende.

Plötzlich rief die Schwester Pia
eines Morgens: Santa mia!

Nicht von Juden, nicht von Christen
stammen diese Wunderkisten –

Expeditus, o Geschwister,
heißt er, und ein Heiliger ist er!

Und sie fielen auf die Kniee.
Und der Heilige sprach: Siehe!

Endlich habt ihr mich erkannt.
Und nun malt mich an die Wand!

Und sie ließen einen kommen,
einen Maler, einen frommen.

Und es malte der Artiste
Expeditum mit der Kiste.

Und der Kult gewann an Breite.

Jeder, der beschenkt ward, weihte

kleine Tafeln ihm und Kerzen.
Kurz, er war in aller Herzen.

2.

Da auf einmal, neunzehnhundert-
fünf, vernimmt die Welt verwundert,

dass die Kirche diesen Mann
fürder nicht mehr dulden kann.

Grausam schallt von Rom es her:
Expeditus ist nicht mehr!

Und da seine lieben Nonnen
längst dem Erdental entronnen,
steht er da und sieht sich um –
und die ganze Welt bleibt stumm.

Ich allein hier hoch im Norden
fühle mich von seinem Orden,

und mein Ketzergriffel schreibt:
Sanctus Expeditus – bleibt.

Und weil jenes nichts mehr gilt,
male ich hier neu sein Bild: –

Expeditum, den Gesandten,
grüß ich hier, des Unbekannten.

Expeditum, ihn, den Heiligen,
mit den Füßen, den viel eiligen,

mit den milden, weißen Haaren
und dem fröhlichen Gebaren,

mit den Augen braun, voll Güte,
und mit einer großen Düte,

die den überraschten Kindern
strebt ihr spärlich Los zu lindern.

Einen güldnen Heiligenschein
geb ich ihm noch obendrein,

den sein Lächeln um ihn breitet,
wenn er durch die Lande schreitet.

Und um ihn in Engelswonnen
stell ich seine treuen Nonnen:

Mägdlein aus Italiens Auen,
himmlisch lieblich anzuschauen.

Eine aber macht, fürwahr,
eine lange Nase gar.

Just ins »Bronzne Tor« hinein
spannt sie ihr klein Fingerlein.

Oben aber aus dem Himmel
quillt der Heiligen Gewimmel,

und holdselig singt Maria:
Santo Espedito – sia!

Ein modernes Märchen

1. Früchte der Bildung

Schränke öffnen sich allein,
Schränke klaffen auf und spein
Fräcke, Hosen aus und Kleider,
nebst den Attributen beider.

Und sie wandeln in den Raum,
wie ein sonderbarer Traum,
wehen hin und her und schreiten
ganz wie zu benutzten Zeiten.

Auf den Sofas, auf den Truhn
sieht man sitzen sie und ruhn,
auf den Sesseln, an den Tischen
am Kamin und in den Nischen.

Seltsam sind sie anzuschaun,
kopflos, handlos, Männer, Fraun;
doch mit Recht verwundert jeden,
dass sie nicht ein Wörtlein reden.

Dieser Frack und jener Rock,
beide schweigen wie ein Stock,
lehnen ab, wie einst im Märchen,
sich zu rufen Franz und Klärchen.

Ohne Mund entsteht kein Ton,
lernten sie als Kinder schon:
Und so reden Wams und Weste
lediglich in stummer Geste.

Ein Uhr schlägt's, die Schränke schrein:
Kommt, und mög euch Gott verzeihn!
Krachend fliegen zu die Flügel,
und – nur eins hängt nicht am Bügel!

2. Not lehrt beten

Eine Spitzenbluse nämlich,
oh, entsetzlich und beschämlich,
hat sich bei der wilden Jagd,
wilden Heimjagd der Gespenster –
eine Spitzenbluse nämlich
hat sich bei der Jagd am Fenster–
haken heillos festgehakt.

Kalt bescheint der Mond die krause
Dulderin im dunklen Hause,
die vom Fenster fortstrebt, wie

wer da fliehen will im Traume,
doch kein Schrittchen rückt im Raume,
grell bescheint der Mond die grause
krasse, krause Szenerie ...

Da erscheint vom Nebenzimmer,
angelockt durch ihr Gewimmer:
denn sie schrie! die Bluse schrie!
da erscheint vom Nebenzimmer,
hergelockt durch ihr Gewimmer,
schwebt herein vom Nebenzimmer,
schlafgeschlossnen Auges – SIE.

Und sie hakt das arme Wesen –
hakt es ohne Federlesen
los und hängt es ans Regal;
schwebt dann wieder heim ins Neben-
zimmer, schwebt, wie eben Wesen,
die im Schlafe wandeln, schweben,
schwebt so wieder dann ins Neben-
zimmer heim und heim zum Herrn Gemahl.

Biographischer Abriss Christian Morgensterns

Christian Otto Josef Wolfgang Morgenstern, Sohn des Malers Carl Ernst Morgenstern (1847-1928) und seiner Frau Charlotte (geb. Schertel), Enkel des Landschaftsmalers Christian Morgenstern (1805-1867), erblickt am 6. Mai 1971 in München das Licht der Welt. Er wächst dort auf, erhält Privatunterricht. 1881 stirbt die Mutter an Tuberkulose. Während sein Vater an den Starnberger See übersiedelt, wird Morgenstern seinem Paten Arnold Otto Meyer, einem Hamburger Kunsthändler, anvertraut, bei dem er zu leiden hat. 1982 kommt er nach München zurück, wird in ein Landshuter Internat gegeben, wo Körperstrafe angewandt wird; Mitschüler schikanieren ihn. 1884 zieht er zum Vater, der inzwischen Amélie von Dall'Armi geheiratet hat und seit 1983 in Breslau an der Königlichen Kunstschule lehrt. Er besucht das Maria-Magdalenen-Gymnasium, schreibt erste Verse und dramatische Texte (Trauerspiel Alexander von Bulgarien, Mineralogia popularis, Entwurf einer Faustdichtung), liest Arthur Schopenhauer. 1889 Beginn einer lebenslangen Freundschaft mit Friedrich Kayssler (1874-1945; impressionistischer Dramatiker, Lyriker, Schauspieler, Komponist) und Fritz Beblo (1872-1947; Architekt, Stadtplaner, Maler). Im Herbst 1889 fängt Morgenstern eine Offiziersausbildung an, die er aber schon im Frühjahr 1890 abbricht, um aufs Gymnasium in Sorau zu wechseln. 1892 Abitur. Studium der Volkswirtschaft und der Rechte an der Breslauer Universität. Mit Freunden gründet er die Zeitschrift *Deutscher Geist* (Motto: *„Der kommt oft am weitesten, der nicht weiß, wohin er geht. "*), worin er erste eigene Texte veröffentlicht. 1893 Studiensemester mit Kayssler in München. Morgenstern erkrankt an Tuberkulose und fährt zur Kur nach Bad Reinerz. Im Herbst Rückkehr nach Breslau, wo er wegen seines schlechten Gesundheitszustandes das Studium nicht fortsetzen kann. Intensive Lektüre, vor allem der Schriften Friedrich Nietzsches. Eine dritte Heirat des Vaters ruiniert ihr Verhältnis. 1894 zieht Morgenstern nach Berlin, wo er als freier Schriftsteller, Redakteur und Journalist für die *»Tägliche Rundschau«* und die *»Freie Bühne«* arbeitet. Bekanntschaft mit den Brüdern Heinrich und Julius Hart. 1895 veröffentlicht er den Nietzsche gewidmeten Band *»In Phantas Schloß. Ein Zyklus humoristisch-phantastischer Dichtungen«*. Reise nach Helgoland und Sylt. Erste *»Galgenlieder«*, die Morgenstern für den Bund der *»Galgenbrüder«* schreibt. Im Sommer 1896 Reise nach Österreich und Oberitalien. 1897 erscheinen die Parodie *»Horatius travestitus«* und der Gedichtband *»Auf vielen Wegen«*. 1898 in Norwegen, wo er Henrik Ibsen kennenlernt. *»Ich und die Welt«* (Gedichte). 1899 besucht Morgenstern Edvard Grieg in Troldhaugen. 1900 *»Ein Sommer«* (Gedichte). Im Herbst Kuraufenthalt in Davos. 1901 Reise zum Vierwaldstättersee und nach Zürich, Arosa, Mailand, Rapallo, Portofino, Florenz, Wolfenschiessen und Heidelberg. Im Berliner Kabarett *»Überbrettl«* werden zum ersten Mal *»Galgenlieder«* in der Vertonung von Julius Hirschfeld vorgetragen. Einfluss der Schriften von Paul de Lagarde (1827-1891; Kulturphilosoph, Orientalist). Aufenthalt in Arosa. 1902 Reise über Mailand an die italienische Riviera, nach Florenz und Rom. Im Mai Aufenthalt in Zürich. Im Sommer Reisen nach Wolfenschiessen und Heidelberg, den Winter verbringt er in Rom. *»Und aber ründet sich ein Kranz«*

(Gedichte). Er übersetzt Knut Hamsun und Bjørnstjerne Bjørnson. Im Frühjahr 1903 Rückreise nach Berlin über Fiesole. In Berlin Dramaturg bei Felix Bloch Erben. Herausgabe der Zeitschrift *»Das Theater«*. Lektor beim Bruno Cassirer Verlag. 1905 Sommeraufenthalt in Wyk auf Föhr. Veröffentlichung der *»Galgenlieder«*. Sanatoriumsaufenthalt in Birkenwerder. 1906 *»Melancholie«* (Gedichte). Reise nach Tirol, Meran und Obermais. Lektüre philosophischer Schriften von Hegel, Spinoza und Tolstoi sowie der Romane von Dostojewski. 1907 am Gardasee. Reise in die Schweiz. Rückkehr nach Berlin im Frühjahr 1908. Beschäftigung mit Buddhismus. Bekanntschaft in Bad Dreikirchen mit Margareta Gosebruch von Liechtenstern. Aufenthalt in Meran. Reisen nach Freiburg und Straßburg. 1909 hört Morgenstern in Berlin Vorträge des Anthroposophen Rudolf Steiner. Im Frühjahr Reise an den Rhein. Er tritt Steiners Anthroposophischer Gesellschaft bei, fährt im Sommer zu Vorträgen Steiners nach Kristiana, Kassel, München und lernt Rudolf Steiner persönlich kennen. Im März 1910 Heirat mit Margareta Gosebruch. *»Palmström«* erscheint. Aufenthalte in Bad Dürenstein und Bern. Im Herbst Italienreise über München, Verona und Genua nach Palermo. 1911 Kur in Arosa, wo sich Morgenstern mit seiner Frau niederlässt. *»Ich und Du«* mit zum größten Teil 1908 in Meran entstandenen Gedichten. 1912 Ehrengabe der Schiller-Stiftung. Kur in Davos. Reise nach Zürich, wo er Steiner trifft. 1913 Reisen an die Adria und nach München; im Spätjahr nach Stuttgart und Leipzig, wo Steiner Vorträge hält. 1914 Aufenthalt in einem Bozener Sanatorium. Im Bewusstsein seiner unheilbaren Krankheit verlässt er die Heilstätte, zieht nach Meran. Am 31. März 1914 stirbt Christian Morgenstern in Untermais (Ortsteil der Stadt Meran) an seiner Tuberkulose.

Joerg K. Sommermeyer, im März 2018